Inhalt

Atomausstieg – Was geschieht mit den Altlasten?

Kernthesen

Beitrag

Fallbeispiele

Weiterführende Literatur

Impressum

Atomausstieg - Was geschieht mit den Altlasten?

Anja Schneider

Kernthesen

- Bei der Entsorgung der atomaren Altlasten drohen Milliardenlasten.
- Das Problem einer sicheren Endlagerung für radioaktiven Müll ist in Deutschland und auch in den USA weiterhin ungelöst. Die Erkundung des Salzstocks Gorleben als Endlager wurde gestoppt.
- Der Prozess der Stilllegung, des Rückbaus beziehungsweise sicheren Einschlusses eines Atomkraftwerks bis es eine "Grüne Wiese" ist, dauert Jahrzehnte.
- Die Energiekonzerne RWE, Eon, EnBW und Vattenfall wehren sich dagegen, gemäß

Verursacherprinzip die Kosten zu übernehmen. Eine "Atom-Bad-Bank" ist in Diskussion.

Beitrag

Ökologische Katastrophe bei Plutoniumproduktion in Hanford offenbart sich nach 20 Jahren

Die Brisanz der Entsorgung all dessen, was mit Atomkraft zu tun hat, demonstriert eindrucksvoll der erste Atomreaktor der Welt, der im amerikanischen Hanford am Ufer des Columbia River steht. Er stellte das Plutonium für die Atombombe her, die 1945 auf Nagasaki abgeworfen wurde. Hoch radioaktiver Abfall wurde jahrzehntelang wie Hausmüll in der Erde vergraben, in Tümpel und Sümpfe gepumpt, versickerte ins Grundwasser. Seit 1987 ist die Anlage stillgelegt. Zurückblieben sind Hunderte von radioaktiv verseuchten Gebäuden, zwei Billionen Liter verseuchte Flüssigkeit im Erdreich beziehungsweise im Grundwasser, 100 000 ausgebrannte Brennstäbe in Wasserbecken und 177 im Boden vergrabene, verrostete Metalltanks, in denen 240 Millionen Liter hoch verseuchten Schlamms gelagert wurden und aus denen 4,5 Millionen Liter hoch radioaktiven Mülls in die Erde gelangten. Übrig blieb zudem der Krebs bei den Menschen, dreiäugige Fische, missgebildet geborene Kälber, radioaktive Wolken in Oregon, Montana und Kanada. Seit 2001 ist Hanford ein riesiges Dekontaminierungsprojekt, bei dem die größte Umweltentgiftungsaktion der Welt läuft, 11 000 Arbeiter sind heute mit Schutzkleidung und Atemmasken an der Arbeit, ein Ende ist nicht in Sicht. Ein Teil des hoch radioaktiv strahlenden Mülls soll in Glas eingeschmolzen und in rostfreien Behältern eingelagert werden, ein anderer Teil soll in eine atomare Endlagerstätte gebracht werden. Allerdings: In den USA ist man bei der Suche nach einem Standort für ein atomares Endlager genauso weit wie in Deutschland: Es gibt keines. (1)

Endlagersuche geht weiter und wird noch sehr lange dauern

Hierzulande ist die Frage nach einem geeigneten Endlager für hoch radioaktiven Atommüll weiterhin unbeantwortet. Die Erkundung des Salzstocks Gorleben als Endlager wurde gestoppt, er bleibt aber ein Kandidat. Die Suche geht weiter und dürfte sich auch noch viele weitere Jahre hinziehen. Ein Endlager für hoch radioaktiven Müll wird erst in 40 bis 50 Jahren zur Verfügung stehen, und weitere 50 Jahre wird die Einlagerung dauern. Und selbst dann noch wird das Thema nachfolgende Generationen weitere 150 Jahre beschäftigen, weil die gelagerten Abfälle Wärme entwickeln. Der strahlende atomare Müll soll im Endlager dann für eine Million Jahre zuverlässig weggeschlossen sein.

Grundsätzlich kommen Ton, Salz und Granit als Endlagermedien in Frage. Geologische Bodenproben müssen vorgenommen werden, dabei ist die Frage der Bohrweise nicht trivial, denn zu viele Bohrungen hinterlassen Schäden und gefährden die Dichtigkeit eines künftigen Endlagers. Die Art der Endlagerbehälter, ihr Abstand im Bergwerk, ihre Art der Deponierung gilt es festzulegen. Mit diesen Fragen beschäftigt sich die 33-köpfige Kommission "Lagerung hoch radioaktiver Abfallstoffe" des Deutschen Bundestages, kurz Endlagerkommission. Die fünf Naturwissenschaftler, die der Kommission angehören, treten für die Endlagerung der hoch radioaktiven Abfälle in einer tiefen geologischen Formation ein. (2), (3)

Es gibt auch andere Ideen, was mit dem Atommüll geschehen könnte. Eine davon stammt von Leslie Dewan, der Gründerin von Transatomic Power. Sie will den Müll wieder zu Brennstoff machen. Sie hat gemeinsam mit einem Kommilitonen einen Reaktortyp entwickelt, der mit Atommüll betrieben wird. Die radioaktiven Abfälle werden in Salz eingeschmolzen und bilden einen neuen, kugelförmigen Kernbrennstoff. Der Flüssigsalzreaktor basiert auf einem Prototyp aus den 50er Jahren. Statt nur drei Prozent wie bisher nutzt Transatomic Power 96 Prozent der Energie des Brennstoffs. Noch gibt es den Reaktor der beiden MIT-Doktoranden nur auf Papier. China entwickelt einen Prototyp, der 2020 ans Netz soll. (4)

Stilllegung von Atomkraftwerken

Derzeit sind noch neun deutsche Atomkraftwerke in Betrieb. Bis 2022 sollen sie endgültig vom Netz gehen. Abgeschaltete Kernkraftwerke werden stillgelegt. Für die Stilllegung eines Atomkraftwerks ist zunächst ein Genehmigungsverfahren erforderlich, das in der Regel vier bis fünf Jahre dauert. Währenddessen befindet sich das Kernkraftwerk in der so genannten Nachbetriebsphase. Die Brennelemente werden abgekühlt und zwischengelagert. Nukleare Systeme werden dekontaminiert, das heißt, Oberflächen werden von anhaftenden radioaktiven Partikeln gereinigt. Kernstück der Stilllegung ist der Rückbau des nuklearen Teils der Anlage und das Management der radioaktiven Abfälle. Der eigentliche Rückbau nimmt zehn Jahre oder mehr in Anspruch und endet mit der Entlassung der Anlage aus dem Atomgesetz. Daran schließt sich eine konventionelle, nichtnukleare Nachnutzung von verbliebenen Gebäuden oder deren Abriss bis zur "Grünen Wiese" an. Beim Rückbau von Atomkraftwerken gilt es zu entscheiden, ob ein direkter Rückbau vorgenommen wird oder ein sicherer Einschluss. Der gesamte Prozess des Rückbaus eines Kernkraftwerks ist eine langwierige Angelegenheit und kann bis zu 15 Jahre dauern (von Genehmigung bis Endlagerung). Der sichere Einschluss kann bis zu 30 Jahren dauern, währenddessen klingt die Radioaktivität ab, dann erfolgt der Rückbau. Die Vorteile des direkten Rückbaus liegen darin, dass noch Fachpersonal da ist, welches die Anlage gut kennt und dass früher eine anderweitige Nutzung möglich wird. Der Rückbau von Kernkraftwerken und anderen kerntechnischen Anlagen ist für Deutschland kein Neuland. Es wurden bereits drei Kernkraftwerke und eine ganze Anzahl sonstiger kerntechnischer Anlagen vollständig abgebaut. Um die Entsorgung können sich die Energieversorger und große Atomkonzerne wie Areva und Westinghouse sowie kleinere spezialisierte Entsorger wie beispielsweise die Alzenauer Nukem, die zur kanadischen Cameco gehört, kümmern. Wenn sukzessive Kraftwerke stillgelegt und rückgebaut werden, wird untersucht, welche Komponenten noch zu verwenden und somit verkäuflich sind. Das macht beispielsweise die RAG Mining Solutions. (5), (6), (7)

Wer bezahlt den Atomausstieg?

Heiß diskutiert wird weiterhin die Frage, wer den Atomausstieg bezahlt. Die Energieversorger? Der Steuerzahler? Die Stromkunden? Wie wird aufgeteilt? Übernimmt der Staat die Funktion einer "Bad Bank"? Wird es eine Altlastenstiftung geben?

Der Rückbau der Ex-DDR-Meiler in Lubmin hat bis heute rund 2,5 Milliarden Euro verschlungen. Für die Finanzierung des Atomausstiegs haben die Atomkonzerne ungefähr 36 Milliarden Euro an Rückstellungen gebildet. Ob das für den Rückbau und die Entsorgung der atomaren Altlasten reicht, wird bezweifelt. Allerdings ist zu berücksichtigen, dass die Kosten über einen sehr langen Zeitraum verteilt sind. Der Streit, wer die Zeche zahlen soll, ist schon im Gange. Nach dem Verursacherprinzip trägt der Betreiber die Kosten für die Stilllegung der Anlage sowie für die Zwischen- und Endlagerung der radioaktiven Abfälle, demnach müssen also die Energieversorger zahlen. Die Energiekonzerne RWE, Eon, EnBW und Vattenfall wollen sich nicht an den Projekten für Endlager von radioaktiven Abfällen finanziell beteiligen und haben beim Bundesamt für Strahlenschutz entsprechende Widersprüche eingelegt. Auch wehren sie sich dagegen, für die kompletten Kosten des Atomausstiegs aufzukommen. Sie versuchen, den Rückbau der Kernkraftwerke und die Entsorgung in die Hände des Staates zu legen. Im Gegenzug würden sie auf die Schadensersatzforderungen wegen der plötzlichen Laufzeitkürzung verzichten. RWE beispielsweise hat den Bund und das Land Hessen wegen der Abschaltung der beiden Blöcke des Atomkraftwerks Biblis auf insgesamt 235 Millionen Euro Schadenersatz verklagt. Vattenfall klagt vor einem internationalen Gericht auf Schadenersatz wegen der vorzeitigen Abschaltung seiner KKW Krümmel und Brunsbüttel. Die Pläne einer "Atom-Bad-Bank" sehen vor, dass die vier Betreiber die eigenen Rückstellungen von 36 Milliarden Euro in eine staatliche Stiftung einbringen, die sich um den Rückbau der alten Reaktoren kümmert. Da die Summe die Kosten wohl nicht deckt, müsste zusätzlich der Steuerzahler in die Pflicht genommen werden.

Das neue Bundesamt für kerntechnische Entsorgung (BfE) mit vorläufigem Sitz in Berlin hat am 1. September 2014 seine Arbeit aufgenommen. Der Aufbau des neuen Bundesamtes wurde im Standortauswahlgesetz für die Suche nach einem Endlager für hoch radioaktive Abfälle, das 2013 in Kraft getreten ist, festgelegt. Zu den Verwaltungsaufgaben des BfE gehört zunächst, die Refinanzierung des Standortauswahlverfahrens einschließlich der Kosten für die gesetzlich vorgesehene Offenhaltung des Bergwerks Gorleben zu gewährleisten. Die neue Behörde hat dafür im Umlageverfahren Kostenbescheide und Vorauszahlungsbescheide gegenüber den Abfallverursachern zu erlassen. (8), (9), (10), (11), (12), (13)

Übrigens: Unterdessen liefert drei Jahre nach der Reaktorkatastrophe von Fukushima Japan erstmals wieder Reis aus der Region um das Atomkraftwerk (vor allem nach Hongkong und Taiwan). (14)

Trends

Die Beurteilung der Lage bei der weltweiten Zukunft der Stromerzeugung mit Kernenergie ist different. Die einen sprechen von einer Renaissance des Atomstroms, die anderen sehen keine wachsende globale Bedeutung der Kernenergie. Das Deutsche Institut für Wirtschaftsforschung (DIW) in Berlin sieht weltweit eine nachlassende Bedeutung der Kernenergie. Zwar gibt es Ausbaupläne, doch tatsächlich würden derzeit nur wenige Atomkraftwerke gebaut. Auch die Experten des unter anderem von der Heinrich-Böll-Stiftung herausgegebenen "World Nuclear Industry Status Report" sehen die Atomkraftwerke rund um dem Globus auf dem Rückzug. Seit 2002 ist die Zahl der in Betrieb befindlichen Atomreaktoren auf der Welt laut dem Bericht um 50 auf 388 gesunken. Seit 1996 ist der Anteil, den Kernkraftwerke zur gesamten Weltstromproduktion beitragen, von 17,6 auf 10,8 Prozent zurückgegangen. Dabei beziehen sie sich auf Zahlen der Internationalen Atomenergiebehörde. Zwar bauen einige Länder (beispielsweise China) derzeit an neuen Atomkraftwerken, viele haben Ausbaupläne in den Schubladen. Doch tatsächlich fertig gebaut und in Betrieb gehen nur wenige. Weltweit sind acht der 67 geplanten Projekte seit mehr als 20 Jahren im Bau. Von den weltweiten Investitionen in neue Kraftwerke fließen gerade noch drei Prozent in Atomkraftwerke und 57 Prozent in erneuerbare Energien. (15)

Fallbeispiele

Bereits 1975 begann mit dem Kernkraftwerk Niederaichbach das erste Stilllegungs- und Rückbauprojekt. Inzwischen sind neben Niederaichbach auch der Heißdampfreaktor Großwelzheim und das Versuchsatomkraftwerk Kahl vollständig abgebaut. Derzeit befinden sich 16 Kernkraftwerke in der Stilllegung. Bei einigen Anlagen steht der Rückbau kurz vor dem Abschluss, beispielsweise bei den fünf Blöcken in Greifswald, den Versuchsreaktoren in Karlsruhe und bei den Kernkraftwerken Würgassen und Stade. (5)

EnBW Kernkraft will den Rückbau seiner Atomkraftwerke (Philippsburg 1 und 2, Neckarwestheim 1 und 2) eigenständig durchführen. Erfahrung sammelte das Unternehmen mit dem Rückbau seines Kernkraftwerks Obrigheim im Jahr 2007. EnBW hat die Genehmigungsunterlagen für den Bau eines Zwischenlagers auf dem Gelände des Atomkraftwerks Neckarwestheim (Baden-Württemberg) eingereicht. (16), (17)

RWE hat mit den Vorbereitungen zur Stilllegung und dem Abbau des Atomkraftwerks Biblis in Hessen begonnen. (18)

Beim Rückbau des RWE-Kernkraftwerks Mühlheim-Kärlich (Rheinland-Pfalz) fand ein Erörterungstermin statt. Dabei wurden 267 Einwände gegen den Plan zum Rückbau der zentralen Teile der Anlage diskutiert, teilte das rheinland-pfälzische Wirtschaftsministerium mit. Ziel des Ministeriums sei es, sobald wie möglich den Abriss des Kühlturms zu ermöglichen. Dafür würde die genehmigungsrechtliche Grundlage geschaffen, sobald RWE die technischen Voraussetzungen für den Kühlturm-Abriss geklärt habe. Ein Atom-Zwischenlager auf dem Gelände lehnt das Ministerium hingegen ab. (17)

Weiterführende Literatur

(1) Das strahlende Erbe von Hanford
aus VDI NR. 35 VOM 29.08.2014 SEITE 3

(2) Hoch radioaktiver Abfall soll in die Tiefe
aus VDI NR. 33-34 VOM 15.08.2014 SEITE 2

(3) "Rational lässt sich der Bau neuer Kernkraftwerke nicht begründen"
aus neue energie, Heft 6/2014, S. 21

(4) AUFBRECHER Gute Ideen und die Köpfe dahinter Wohin mit dem Atommüll? LESLIE DEWAN, Gründerin von Transatomic Power, will ihn wieder zu Brennstoff machen
aus Capital Nr. 9 vom 01.09.2014, S. 22

(5) Stilllegung und Rückbau von Kernkraftwerken
aus Capital Nr. 9 vom 01.09.2014, S. 22

(6) Das Comeback der Meiler Auch wenn Deutschland aussteigt -international bleibt die Kernkraft für viele Staaten eine wichtige Option. Anleger können bei der Renaissance dabei sein
aus EURO, 20.08.2014, Nr. 9, S. 78 - 81

(7) Zu schade zum Verschrotten
aus www.powernews.org Meldung vom 27.02.2014 - 13:42

(8) Energiekonzerne wollen nicht für Endlager-Projekte zahlen
aus energate vom 07.09.2014

(9) RWE will 235 Mio. Euro für Biblis-Stopp
aus www.powernews.org Meldung vom 15.09.2014 - 16:31

(10) Bundesamt für kerntechnische Entsorgung legt los
aus www.powernews.org Meldung vom 01.09.2014 - 10:49

(11) „Bad Bank" oder Riesenchance?
aus www.powernews.org Meldung vom 01.07.2014 - 11:55

(12) Konzerne wollen finanzielle Kernenergie-Risiken sozialisieren
aus www.powernews.org Meldung vom 12.05.2014 - 09:49

(13) Atomfonds schürt Kontroversen Ökonomen-Barometer Führende Volkswirte lehnen Vorstoß der Kraftwerksbetreiber ab
aus Euro am Sonntag, 23.08.2014, Nr. 34, S. 6

(14) Japan liefert wieder Reis aus Fukushima ins Ausland
aus www.lebensmittelzeitung.net vom 20.08.2014

(15) Der schleichende Atomtod
aus SPIEGEL ONLINE

(16) EnBW will Atomkraftwerke sofort zurückbauen
aus energate vom 01.04.2014

(17) AKW-Rückbau beschäftigt Südwesten
aus energate vom 16.06.2014

(18) RWE bereitet Biblis-Stilllegung vor
aus energate vom 26.03.2014

Impressum

Atomausstieg - Was geschieht mit den Altlasten?

Bibliografische Information der deutschen Nationalbibliothek

Die Deutsche Nationalbibliothek verzeichnet diese Publikation in der deutschen Nationalbibliografie; detaillierte bibliografische Daten sind im Internet über http://dnb.d-nb.de abrufbar.

ISBN: 978-3-7379-5632-1

© 2015 GBI-Genios Deutsche Wirtschaftsdatenbank GmbH, Freischützstraße 96, 81927 München, www.genios.de

Alle Rechte vorbehalten. Dieses Werk ist einschließlich aller seiner Teile – z.B. Texte, Tabellen und Grafiken - urheberrechtlich geschützt. Jede Verwertung außerhalb der Grenzen des Urheberrechtsgesetzes bedarf der vorherigen Zustimmung des Verlags. Dies gilt insbesondere auch für auszugsweise Nachdrucke, fotomechanische Vervielfältigungen (Fotokopie/Mikroskopie), Übersetzungen, Auswertungen durch Datenbanken oder ähnliche Einrichtungen und die Einspeicherung und Verarbeitung in elektronischen Systemen.